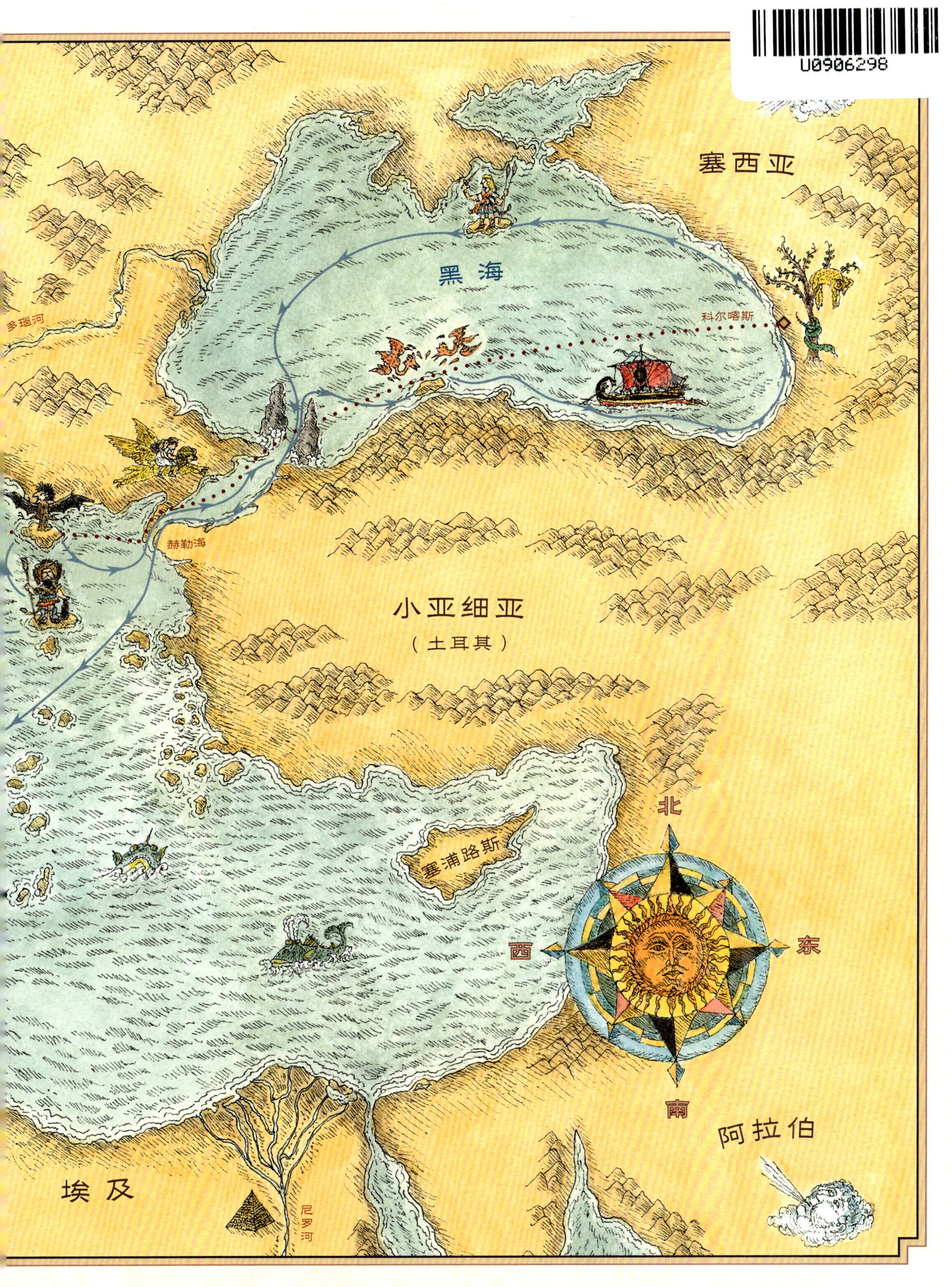

塞西亚
黑海
科尔喀斯
多瑙河
赫勒海
小亚细亚
（土耳其）
塞浦路斯
北
西
东
南
阿拉伯
埃及
尼罗河

献给我的儿子约翰和本。

图书在版编目（CIP）数据

伊阿宋和金羊毛 / (美) 罗伯特 · 伯德著；谢霄译
-- 上海：上海文化出版社, 2021.7
ISBN 978-7-5535-2296-8
Ⅰ. ①伊… Ⅱ. ①罗… ②谢… Ⅲ. ①神话－古希腊
Ⅳ. ①G624.313

中国版本图书馆CIP数据核字(2021)第261100号

This edition published by arrangement with Dial Books for Young Readers, an imprint of Penguin Young Readers Group, a division of Penguin Random House LLC.

本书简体中文版权归属于银杏树下（北京）图书有限责任公司
图字：09-2020-734号

出版人　姜逸青
出版统筹　吴兴元
责任编辑　葛秋菊
装帧制造　墨白空间 · 冰雪　余潇靓
策　划　北京浪花朵朵文化传播有限公司
编辑统筹　杨建国
特约编辑　骆　菲
营销推广　ONEBOOK

书　名　伊阿宋和金羊毛
著　者　［美］罗伯特 · 伯德
译　者　谢　霄
出　版　上海世纪出版集团　上海文化出版社
地　址　上海市闵行区号景路159弄A座3楼　201101
发　行　后浪出版公司
印　刷　嘉业印刷（天津）有限公司
开　本　889 × 1194　1/16
印　张　3
版　次　2021年7月第一版　2021年7月第一次印刷
书　号　ISBN 978-7-5535-2296-8/I.892
定　价　58.00元

读者服务：reader@hinabook.com 188-1142-1266
投稿服务：onebook@hinabook.com 133-6631-2326
直销服务：buy@hinabook.com 133-6657-3072
官方微博：@浪花朵朵童书

浪花朵朵

伊阿宋和金羊毛

[美] 罗伯特·伯德 著　谢霄 译

上海文化出版社

前言

这是一个英雄的故事，发生在很久很久以前的古希腊。英雄名叫伊阿宋，他请人建造了一艘叫阿尔戈号的船，号召愿意跟随他的英雄，一同踏上宏伟壮阔的征途。故事里既有天上地上海里的各色人物，也有冒险与危机的故事起伏，当然，更有取得灿烂荣耀的激动人心的情节。

伊阿宋与阿尔戈英雄的故事，是西方世界最早流传的神话故事之一。伊阿宋也是古希腊神话中最早的英雄人物之一，为了夺回王位，他历经艰险寻求金羊毛。据说这种特殊的金色羊毛有魔力，长在一只会飞的羊身上。与这只会飞的羊一同出现在故事里的，还有喷火的公牛、多头的怪兽、从来不睡觉的毒蛇和变成野兽的人，以及贪图名利的希腊国王、凶残的王后、诡计多端的巫师、一艘经受大海凶险考验的神奇之船……

这个故事，众多神明的出场必不可少——这可不只是一个凡人的故事！虽然伊阿宋的确是一位凡人，但他可是奥林匹斯众神的后代！希腊人相信，神明对凡人，特别是英雄的人生感兴趣，神明不仅影响和干涉人的生活，掌

控人的命运，还拥有改天换地的强大力量。虽然神明时常混迹在凡人当中，直接跟人交谈，看起来和凡人没什么两样，但他们并不是凡人。他们参与凡尘俗事，直接导致了很多大事件的发生。神明十分尊贵，智慧过人，但同时也有凡人的毛病。他们会嫉妒他人，会自私、自大，冲动行事，甚至心存报复。他们有时会刻意偏袒，有时会随心所欲地奖励或是降下惩罚。若有人敢激怒、违抗或是蔑视他们，那这个人可就惨了，神明的怒火很快会降临到他头上。

在伊阿宋寻求金羊毛的宏大旅程中，每一步都有神明的参与。虽然神明也多有阻拦，但也只有在这些神明的帮助下，伊阿宋和他的伙伴们才能取回宝物，名利双收，成为传奇。

伊阿宋的故事可能是古希腊神话中第一个被记载的传奇故事。故事中的人物，不论是神明还是凡人，性格清晰鲜明，和我们一样有血有肉。就算年代久远，这个故事依旧有着非凡的魅力，依旧让我们迷恋。它召唤我们一同进入这场冒险，带领我们一同去经历、去感受，那个古老的时代仿佛并不遥远。

金羊毛

在英雄伊阿宋出生之前，国王阿塔玛斯统治着希腊中部。他的妻子涅斐勒是一位云神，为他生了一男一女，男孩叫佛里克索斯，女孩叫赫勒。不久，涅斐勒就回到天上去了。

阿塔玛斯后来迎娶了一位邪恶的王后。这位王后将涅斐勒的两个孩子视为眼中钉，决定害死他们。她在庄稼里下毒，制造了可怕的饥荒。她向国王谎称："德尔斐神示所的皮提亚传来神谕，您必须将自己的两个孩子作为祭物献上，才能停止饥荒，拯救子民。"国王悲痛地同意了。为了救自己的两个孩子，涅斐勒向宙斯求助，宙斯便派一只长有翅膀的金色公羊——它是赫耳墨斯送出的礼物——去救两个孩子。这只神奇的公羊驮着两个孩子飞越陆地和大海。两个孩子被叮嘱："千万不要朝下看。"可是，一阵惊涛袭来，下意识朝下张望的赫勒，一下子落入海中，再也找不到了。为了纪念赫勒，后来人们称这片海为赫勒海［现称达达尼尔海峡。——编者注］。

金色公羊将佛里克索斯带到世界边缘一个叫科尔喀斯的地方，国王埃厄忒斯热烈欢迎他们。佛里克索斯将金

色公羊作为祭物，献给了神明，又将公羊身上的金羊毛献给了国王埃厄忒斯。为了表示对宙斯的感谢和尊敬，国王埃厄忒斯将金羊毛挂在一片神圣的橡树林里，让一条从不睡觉的可怕毒蛇看守。从此，金羊毛就成了这个世界里最珍贵的宝物。

宙斯

宙斯是希腊众神中最重要的神明，是奥林匹斯山的众神之王。作为司掌天空和天气的神明，他能够控制雷电，并能将雷电当作武器使用。他也是司掌“逃亡”和“待客”的神明，会替任何遭受不公的人讨回公道。他有很多子女——有凡人也有神明。

皮提亚是德尔斐神示所传达神谕的人。她能与神明阿波罗直接对话。她通常坐在一把架在深坑上的三角椅上，在出神状态时传达神谕。这些神谕由祭司编成诗歌并加以解释。

喀戎洞

伊阿宋是伊俄尔科斯国王埃宋的儿子。在他还小的时候，他的坏叔叔珀利阿斯就篡夺了王位。他的母亲害怕他受到迫害，将他送到了喀戎洞。在这里，他遇到了他的老师——半人马之王“智者喀戎”。在喀戎的庇护下，他学习知识，长大成人。

在希腊，没有比喀戎更加博学的老师了。他对伊阿宋倾囊相授，不仅教导他艺术和武术，还教会他理解自然法则以及神明的习性。伊阿宋二十岁学成后，准备离开喀戎洞，返回故土伊俄尔科斯，夺回属于自己的王位。他与喀戎道别，穿过林木茂密的山坡，来到一条湍急的河边。在这里，他遇到一位年迈的妇人。妇人站在河边，迟迟不敢渡河。

伊阿宋自告奋勇，向老妇人伸出援手。年轻力壮又身怀武艺的他，轻而易举将老妇人背在背上，开始渡河。奇怪的是，他每走一步，背上的老妇人就更沉一些。他跌跌撞撞，咬牙坚持，努力前行，好不容易到达对岸，途中还

丢了一只鞋。突然，他看见那老妇人化为一道光芒，大吃一惊。他听到一个女人的声音对他说：“不要害怕，伊阿宋，我是赫拉，主神宙斯的妻子，你刚刚通过了我的考验。成为真正的王者不仅需要智慧和力量，同时也要心地善良。这三种品质，你全都具备。今后，我会引导你克服艰难困苦。”

赫拉吩咐伊阿宋，就以他的那身装束去见他的坏叔叔珀利阿斯。“看到珀利阿斯的脸，你就会明白我的用意了。你那坏叔叔对宙斯不敬，已经有预言说，他会因只穿一只鞋的一个人的到来失去王位。所以快出发吧，伊阿宋。相信我的话，让预言成真吧！”说完，赫拉就消失了。

吃惊的伊阿宋听从了赫拉的吩咐：他身披豹皮，手握两支长枪，只穿着一只鞋。他到了故土伊俄尔科斯，来到宫殿见珀利阿斯。贵族们都好奇地打量着伊阿宋，唯有国王珀利阿斯一脸惊恐，浑身发抖——他想起了那个预言。

“你是谁？”珀利阿斯问道，“为何来此？”

伊阿宋挺起胸膛，回应道：“我是伊阿宋，是你的兄长埃宋的儿子。你篡夺了我父亲的王位，现在我要取回它！”

珀利阿斯自然不愿意让出王位。他早已想出了对策，要把这个英武的年轻人送上不归路。“伊阿宋，如果你真的是埃宋之子，那就必须证明你的过人之处。你必须去将金羊毛带回来。如果你做到了，我就将王位还给你。”金羊毛在科尔喀斯，路途遥远，并且一路凶险，珀利阿斯断定，没有人能够活着回来。不仅如此，金羊毛还被一条毒蛇看守着，伊阿宋也不可能拿到它。“去吧，”珀利阿斯说，“如果你能够取回金羊毛，那你就能成为国王。这是天意。”

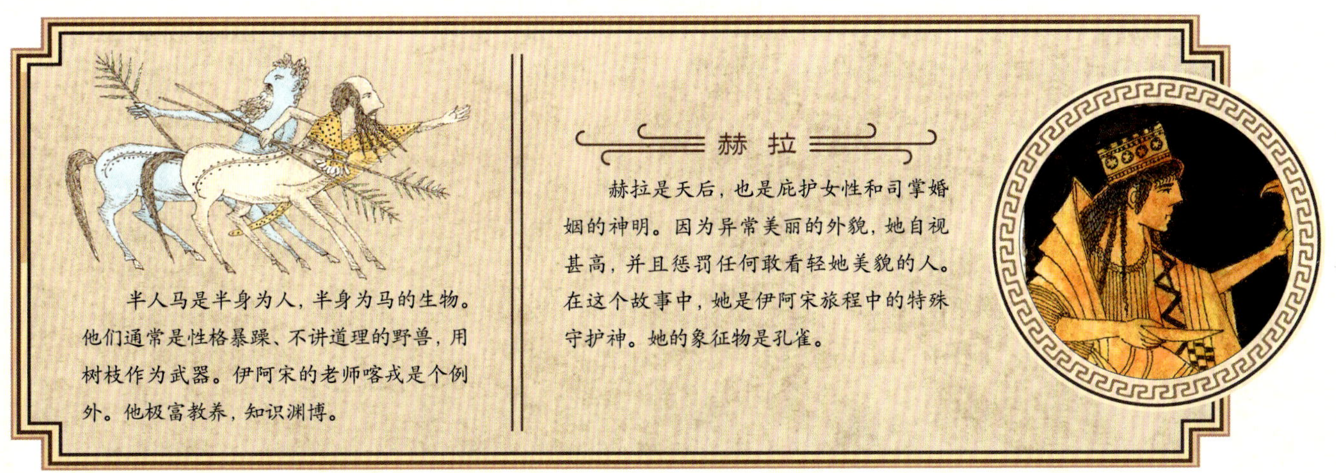

半人马是半身为人，半身为马的生物。他们通常是性格暴躁、不讲道理的野兽，用树枝作为武器。伊阿宋的老师喀戎是个例外。他极富教养，知识渊博。

赫拉

赫拉是天后，也是庇护女性和司掌婚姻的神明。因为异常美丽的外貌，她自视甚高，并且惩罚任何敢看轻她美貌的人。在这个故事中，她是伊阿宋旅程中的特殊守护神。她的象征物是孔雀。

会说话的橡树

金羊毛！伊阿宋一听就十分激动。取回金羊毛，不仅能得到声名和荣耀，也能得到神明的重视。但是，他也知道，如此重大的冒险，任何想要挑战的人都会遭遇巨大的危险。他需要帮助。

他前往多多那的神示所寻求指引。那里有一棵高耸入云的橡树，它是宙斯的神树。伊阿宋紧张

地站在橡树面前，问道：“我想取回金羊毛，我该做些什么？”沉默中，橡树缓缓抖了抖身上的树枝和叶片，用深沉沙哑的声音说：

“去找造船者阿尔戈斯，让他为你造一艘能够容纳五十人划桨的大船。”

伊阿宋找到了阿尔戈斯。阿尔戈斯答应造出伊俄尔科斯最棒的船——这艘船后来被命名为阿尔戈号。从来没有谁见过如此巨大的船只，大家都围着船，感叹它的巨大和漂亮。

伊阿宋又去探访那棵大橡树，橡树再度开口：“拿这根枝条去吧！”橡树一边说，一边伸出一根粗壮树枝，“用它雕刻出阿尔戈号的艏饰像。”伊阿宋请来伊俄尔科斯最好的木匠，只见木匠的手在树枝上来回舞动，一个头戴金头盔的女人便神奇地从中幻化而出——她伸出胳膊，指向前方。当造船者将这个艏饰像装在船头时，伊阿宋大吃一惊，艏饰像的眼睛和嘴唇都动了起来。艏饰像说：

“现在，伊阿宋，召集你的人。你要寻找希腊最厉害的人——最沉着的英雄、最勇敢的英雄、最强壮的英雄、最聪明的英雄。”这是赫拉的声音，只有伊阿宋一个人能听到。

他享有与赫拉这位强大的女神交流的特权。赫拉会在旅程中指引他。

宙斯与赫拉

宙斯与赫拉是夫妻，但是他们二人时常发生冲突。赫拉嫉妒宙斯的情人们，不管这些情人是神明还是凡人，她都会折磨她们。赫拉对这些情人的孩子也充满敌意，包括那位著名的赫拉克勒斯。在伊阿宋的旅程中，为了伊阿宋，赫拉不断向宙斯寻求帮助。

召集英雄

回应伊阿宋的都是希腊英雄中的佼佼者，其中很多人都拥有神奇的超能力。他们兴高采烈地来到伊俄尔科斯，急切地表明自己的诚意，宣布愿意效忠伊阿宋，加入取回金羊毛的征程。他们中有国王、王子、贵族、勇士、哲人以及神明的子孙。

赫拉克勒斯是力气最大和最令人恐惧的希腊英雄，也是世界上最强壮的人。伊阿宋听说他已经在赶来的路上，十分忧虑。他知道，赫拉克勒斯能在旅程中起很大的作用，但同时也会使自己略显逊色。另外，他也十分顾虑赫拉克勒斯那喜怒无常的坏脾气。

两个人终于见面了。伊阿宋被赫拉克勒斯的巨型身材和可怕的外表吓住了，他觉得这个时候最好还是跟赫拉克勒斯说些好话。他问赫拉克勒斯：“您是否愿意做大家的首领？”赫拉克勒斯却笑着回答：“我也曾是喀戎老师门下的学生，最近在梦中与喀戎老师相见，老师告诉我，你比我更适合做阿尔戈号的首领。”赫拉克勒斯还表示，愿意以普通船员的身份加入旅程。伊阿宋同意，几个阿尔戈英雄却反对。他们认为赫拉克勒斯太重了，会破坏阿尔戈号的平衡。但这个争论很快被迫停止，因为赫拉克勒斯挥舞起他的大棒，威胁说要打碎几个人的头骨。

重要的阿尔戈英雄

很多阿尔戈英雄拥有神奇的超能力和智慧。

卡拉伊斯和仄忒斯｜他们两人长有翅膀，是北风之神的儿子，能够飞得跟风一样快、一样高、一样远。

俄耳甫斯｜他的琴声能使人和野兽沉睡，也能让草、木、石头起舞。

阿塔兰忒｜她是阿尔戈英雄中唯一的女性，被一只熊养育成人，成为远近闻名的猎人，也是希腊跑得最快的人。

安开俄斯｜他是除赫拉克勒斯之外最强壮的阿尔戈英雄，穿着一张熊皮，装备中有一把双刃斧。

墨勒阿革洛斯｜他是围剿卡吕冬野猪的英雄，对阿塔兰忒怀有爱慕之情。

佩里克吕墨诺斯｜他是变形者。在战斗中，他可以将自己变成狮子、蛇、天鹅、蚂蚁或一大群蜜蜂。

欧斐摩斯｜他是一名水上健将，在水面上行走和奔跑时，不会被水沾湿。

涅斯托耳｜他是阿尔戈英雄中最年长也是最富有智慧的人，以 110 岁高龄参与了特洛伊战争。伊阿宋时常向他寻求建议。

摩普索斯｜他能够预测未来，拥有从不出错的智慧，还能够与鸟对话。

林叩斯｜他是阿尔戈号的侦察兵，拥有敏锐的视力，能够看到 14 千米之外的事物。他还能够透视树木、石头和土地。

提费斯｜他是阿尔戈号的舵手，能够通过观察日月星辰，预测海潮和风暴。

忒修斯｜他是一位国王。少年时期，他就杀死了半人半牛的可怕怪兽弥诺陶洛斯。

阿尔戈号起航

伊阿宋十分喜欢漂亮崭新的航船，也对他的船员非常满意。他健步行走在伊俄尔科斯城中，引起了人们的欢呼。但是也有不少人对他号哭，在他经过的道路前扔出鲜红的银莲花，提前哀悼他的早逝。首席女祭司伊菲亚斯拦住伊阿宋，想为他献上保佑平安的祝福，但伊阿宋满脑子都是接下来的光荣旅程，粗鲁地推开她，根本不予理会。“这个无礼的年轻人啊，”女祭司愤怒地低语，“当他引以为傲的大船在沙滩上腐朽之时，愿他会想起我。”

伊阿宋负责阿尔戈号的物资补给，但很多阿尔戈英雄都颇为富有，自己准备好了物资。他们带上大袋大袋的干粮，大量的熏制牛肉、无花果面包、葡萄干、咸味的炒榛子，大罐大罐的蜂蜜，还有加了百里香和松仁的蜂蜜蛋糕。船上也装了水、葡萄酒、橄榄油、海豚油、大麦面包以及腌渍食品。阿尔戈英雄们还带上了自己的武器、盔甲和寝具。每位英雄的座位下面都有专属贮藏柜。船上还配备了备用绳子、船帆等。

船准备出海了，人群中爆发出巨大的哀号。有人悲伤哭喊，是因为英雄们在接下来的凶险旅程中会面临各种困难；但大多数的哭声来自阿尔戈英雄们雇来的哀悼者。英雄们担心某些神明嫉妒他们的船，或者对船员抱有敌意，便雇来哀悼者为自己哭喊送葬。

阿尔戈号终于能够起航了，但英雄们发现船因为重量过大而没法离开沙滩。伊阿宋来到艏饰像面前，听候指引。赫拉对他说："伊阿宋，船员上船，高扬船帆，让俄耳甫斯弹琴。"俄耳甫斯照办了，船开始向前滑。俄耳甫斯的旋律越轻快，船也越轻快地驶入海中。英雄们欢呼起来，庆祝阿尔戈号正式开始前所未有的重大航程。

海神波塞冬笑着叫来了西风之神仄费罗斯，让他为阿尔戈号送上强风。阿尔戈号顺利进入爱琴海，向东而去。

波塞冬

波塞冬是海神，是所有水域的保护神。他赐予了人类第一匹马。除了他的兄弟宙斯，他被认为是最强大的神明。他也被称为"大地摇撼者"。他的坏脾气会引发地震、海上风暴和火山喷发。他那让人无法捉摸的性格，也左右着船只和水手们的命运。他与海之女神安菲特里忒结为夫妻。

希腊船只倾向于靠近岸边行驶，方便沿途物资补给。因为无法确定补给点提供的物资种类，船员们会携带自己的物资上船，包括葡萄酒、油、蜂蜜、橄榄、谷物干粮、硬芝士和饮用水。液体类的物资会被存放在双耳细颈瓶或其他陶器中，摆放在船只龙骨的两侧，作为压舱物，帮助船只保持平衡。

赫拉克勒斯

阿尔戈英雄们开始了冒险，神明为他们设置了诸多挑战。他们经由爱琴海到达贝尔岛［希腊神话中爱琴海上的一座小岛。——编者注］，国王基齐库斯用丰盛的餐点款待他们。伊阿宋发现国王在宴会上心不在焉，便询问他忧心什么。“我们总是被邻山上的野蛮人围攻。他们骚扰我的子民，破坏我的国土。”基齐库斯回答，“这些野蛮人个个都是巨人，每个人长有六只手臂，每只手如同熊掌，掌中还拿着不同的武器。”林叩斯在阿尔戈英雄中视力最好，他往山上望去，发现那些巨人正从山中鬼鬼祟祟朝港口去，而在港口看守船只的，只有赫拉克勒斯和另外几名阿尔戈英雄。

伊阿宋和其他英雄立刻拿上武器，返回港口。在他们到达之前，巨人们已经开始攻击阿尔戈号，朝船只扔大石块。赫拉克勒斯力大无穷，挡住了那些大石块。他和留守的英雄用弓箭打退了大部分的巨人，坚持到了伊阿宋他们返回。经此一役，巨人大坏蛋们逃得远远的，再也不敢回来。国王基齐库斯感激不尽，为阿尔戈号奉上满舱的物资。

赫拉克勒斯的任务

赫拉克勒斯是世界上力气最大的人。他是宙斯和某位凡人的后代，赫拉非常厌恶他。他狂热的情感总使自己麻烦缠身。有一次，因为天气极端炎热，他扬言要用弓箭把太阳射下来。他有那么多的英勇壮举，都是因为要完成那些任务——因愤怒行径而受的惩罚，其中最著名的是他的十二项任务。赫拉施法使他在一段时间内失去理智，导致他错杀了自己的妻子和孩子。为了赎罪，他必须完成十二项不可能完成的任务。这些任务驱使他去杀野兽和怪物，包括一只凶猛的狮子和一条九头蛇。他曾经为了活捉一只神速的鹿而整整追赶了一年，他也曾为了打扫一个庞大的牛棚而让两条河流分流，用河水将牛棚冲洗干净。他的最后一个任务最为凶险，他被要求前往冥界，徒手抓捕一只名为刻耳柏洛斯的怪兽。刻耳柏洛斯长有三个脑袋，身上满是毒蛇。赫拉克勒斯花了十二年才完成这项任务。赫拉克勒斯是唯一一个在死后升为神明的凡人。

之后，阿尔戈英雄们来到了希俄斯岛。在路上，伊阿宋和赫拉克勒斯发生了争执，两人划船决斗，结果伊阿宋昏了过去，赫拉克勒斯则弄坏了自己的船桨，决斗无人胜出。船只靠岸后，赫拉克勒斯去寻找能够做船桨的木材，他的年轻仆从许拉斯也跟随他一起上了岸。但是许拉斯被水泽仙女绑架，掉进了一个水池。不知情的赫拉克勒斯到处找，找了许拉斯一整夜，不停踢打、毁坏岛上的树木。因为许拉斯的失踪，赫拉克勒斯发疯了。

失去理智的赫拉克勒斯根本不受控制，他无穷的破坏力让所有英雄感到害怕。在卡拉伊斯和仄忒斯的建议下，英雄们投票决定，抛下赫拉克勒斯，继续旅行。被抛下的赫拉克勒斯则继续完成自己的任务。

菲纽斯与妇人鸟

阿尔戈英雄们航行至色雷斯附近一个小岛时，遇到了可怜的国王菲纽斯。他是一位预言家。他对未来的准确预知能力是阿波罗馈赠的，而阿波罗正好是宙斯的仇敌。菲纽斯因此彻底惹怒了宙斯，被夺去了视力，还遭到放逐。此时的他，瘦削、虚弱，几乎站不起来。走投无路的他朝路经此地的伊阿宋求救："伊阿宋，请救救我。我被这里的妇人鸟盯上了。"妇人鸟是一种长着女巫脑袋、秃鹫身体和蝙蝠翅膀的邪恶生物。它们一旦见有食物放在菲纽斯面前，就俯冲而去，偷走食物。可怜的菲纽斯一直都吃不到东西，也拿妇人鸟毫无办法。

知道菲纽斯的遭遇，伊阿宋决定伸出援手。他先在菲纽斯面前摆上水果和坚果，引来偷盗的妇人鸟。然后，他吩咐北风之神的儿子——长有翅膀的卡拉伊斯和仄忒斯——拔剑驱赶妇人鸟。他们两人将妇人鸟驱赶了百里，这

时，彩虹女神伊丽丝从中调停，请求兄弟二人饶过妇人鸟："请你们停手吧，我保证妇人鸟不会再去袭击菲纽斯了。"

为菲纽斯解决了妇人鸟的袭击困局后，伊阿宋用喀戎老师教给他的医术，让菲纽斯的眼睛重获光明。看到菲纽斯已摆脱不幸，安下心来的伊阿宋就准备启程，继续自己寻找金羊毛。启程之前，他询问菲纽斯："我该走哪条路才能到达科尔喀斯？"心怀感激的菲纽斯告诉他："只有一条路能到达科尔喀斯，并且这条路很危险。"

伊丽丝

伊丽丝是彩虹女神，是奥林匹斯众神的信使。她持有一根预兆之杖和一个装有冥河水的水瓶。她会用瓶中的冥河水让说谎者睡上整整一年。

妇人鸟（哈耳庇厄）是狂风的恶灵。它们被称为宙斯的猎犬，因遵照神意前去折磨凡人而闻名。

撞岩叙姆普勒加得斯

“你们一定要通过撞岩叙姆普勒加得斯。那是两块不断互相撞击的巨石。”菲纽斯强调，“你们的船接近时，要让一只鸽子飞过两块巨石之间。鸽子飞过之后，那两块巨石就会为了接下来的撞击而彼此分开。你们要抓住这一瞬间行船通过，才能保命。”他接着对伊阿宋说，“抵达科尔喀斯后，你要相信阿佛洛狄忒。”

阿尔戈英雄们跟菲纽斯道别后，一路航行，直到林叩斯看到了前方的陆地和那两块挡路的巨石。海浪环绕着巨石，不断拍击出泡沫。

突然，紧张划桨的英雄们发出欢呼声。象征女神雅典娜、预兆好运的一只苍鹭，自他们头顶飞过。但欢呼很快转变成了痛泣，一只老鹰从天而降，开始攻击那只苍鹭。当老鹰再度发起攻击时，阿尔戈英雄中擅长弓箭的法勒洛斯一箭就解决了它。好运的预兆保住了。

此时，水流变得湍急，海浪冲击着船身。阿尔戈号的舵手提费斯险些掌握不住航向，但是阿尔戈号还是朝着撞岩进发了。

伊阿宋放出了鸽子。鸽子一飞过那道狭窄的通路，两块巨石就立刻合上，还夹掉了鸽子的两根尾羽。阿尔戈英雄们以前所未有的气势划动手中的船桨，在两块巨石分开的瞬间，冲过中间的缺口，赶在巨石合上之前安全通过了。阿尔戈号是头一艘成功通过撞岩的船只，代价仅仅是在船尾上添了几道划痕。那两块合上的巨石从此再也没有分开，因为神明曾下过旨意，当有凡人从其间通过，撞岩就会稳定下来。

雅典娜

雅典娜是司掌智慧、战争、正义和艺术的女神。她是宙斯的女儿，是从宙斯的脑袋里跳出来的，而且出生时就已经长大成人并且披戴盔甲。她会支持战争中正义的一方，并援助艺术家和手工艺者。猫头鹰和橄榄枝是她的象征。

斯廷法利斯湖食人鸟

在平安通过赫勒海和撞岩之后，阿尔戈号驶入了黑海。经过几天的顺畅航行，英雄们在一个小岛停下，补充新鲜食物和水。他们在岸边支起帐篷，在沙滩上休息。突然，一阵金属箭雨袭来。他们十分纳闷，不清楚这些奇怪的金属羽箭来自何方，登陆时，他们已经侦察了整个岛屿，知道没有其他人居住。英雄们根本不知道，这个小岛归属战神阿瑞斯，岛上栖居着阿瑞斯的宠物——斯廷法利斯湖食人鸟。这种鸟有着铜喙和铜爪，还有像飞镖一样的金属羽毛；袭击他们的羽箭正是斯廷法利斯湖食人鸟发射的羽毛。英雄们用盾牌和盔甲抵挡着羽箭，伊阿宋则奔回阿尔戈号，向艏饰像寻求帮助。

赫拉让英雄们使出最大的力气，持续不断地用剑敲打盾牌。英雄们按照赫拉的吩咐做，用巨响声吓跑了那些食人鸟。

英雄们松了一口气，准备返回阿尔戈号。可是走到半路，却发现沙滩上躺着四个疲惫不堪的人。这四个人都是王子，而且还都是佛里克索斯的儿子。佛里克索斯正是很久之前被那只金色公羊所救的人。

这四兄弟在大海中遇到了海难，被冲上了沙滩。他们对伊阿宋说，会帮助英雄们抵达科尔喀斯。他们还告诉伊阿宋，时过境迁，保管金羊毛的国王埃厄忒斯已经变成了一位暴君，负责看守金羊毛的可怕毒蛇会杀死任何胆敢接近的人。

伊阿宋同意将四位王子带上一起赶路。阿尔戈英雄们的这段传奇旅程也开始进入尾声。

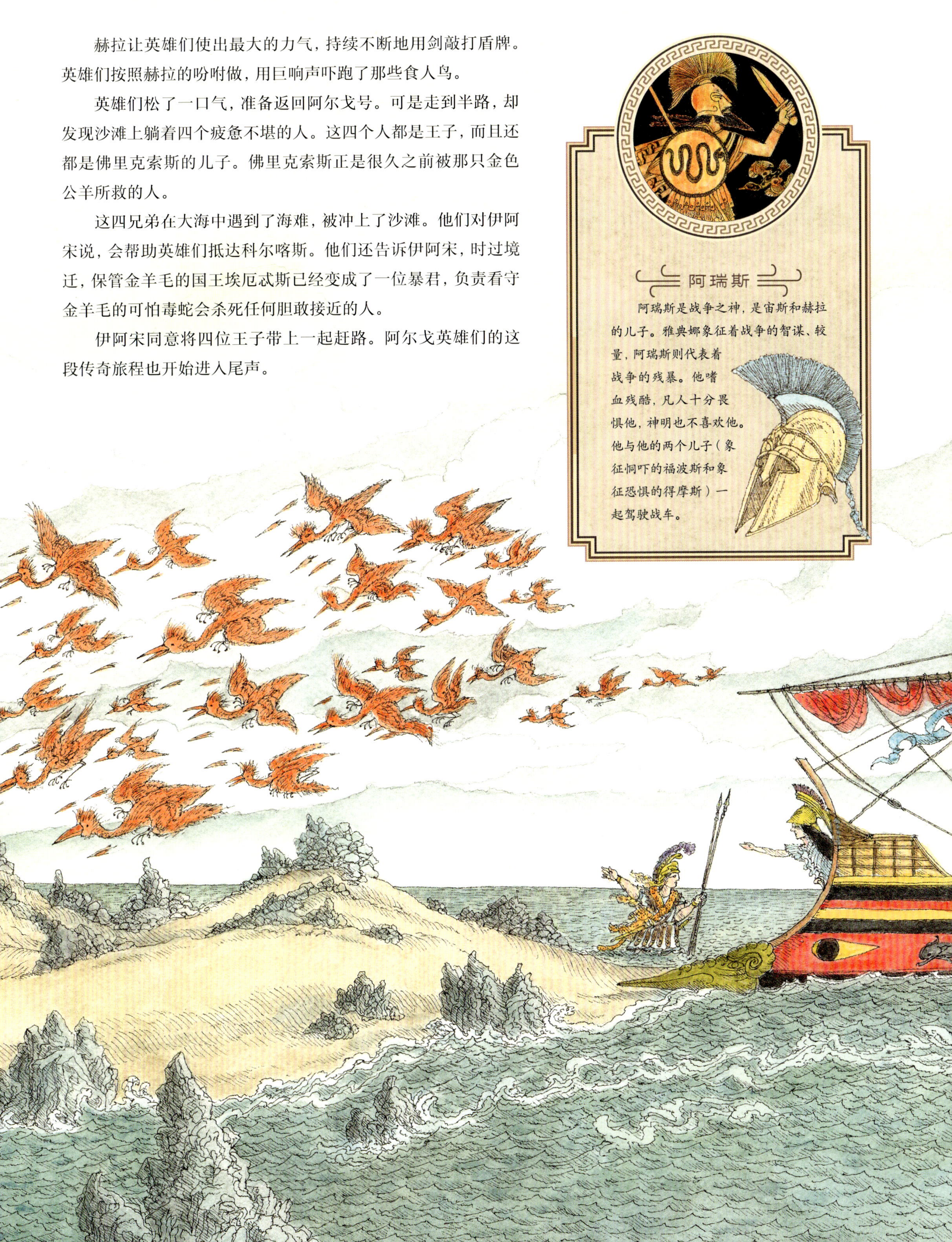

阿瑞斯

阿瑞斯是战争之神，是宙斯和赫拉的儿子。雅典娜象征着战争的智谋、较量，阿瑞斯则代表着战争的残暴。他嗜血残酷，凡人十分畏惧他，神明也不喜欢他。他与他的两个儿子（象征恫吓的福波斯和象征恐惧的得摩斯）一起驾驶战车。

阿尔戈号抵达科尔喀斯

阿尔戈号沿着黑海沿岸航行抵达科尔喀斯。国王埃厄忒斯龙颜大怒：竟然有人胆敢未经许可就进入他的疆土！伊阿宋被押送到他的面前时，他声色俱厉地问伊阿宋："为何来到我的国度？"伊阿宋则毫无畏惧，坦率回答："为了取回金羊毛。"金羊毛是埃厄忒斯最珍贵的宝物，他决不会让伊阿宋如愿。这位暴君没有因此立刻降罪，而是压住怒火，开口道："年轻人啊，你先是非法闯入我的国度，现在又提出如此无礼的要求，这真好笑。但我欣赏你的直率，如果你能完成勇气的考验，我会赐给你金羊毛，否则，你要以死谢罪。"赫拉听到这些话，明白是时候伸出援手了。

在这过程中，国王埃厄忒斯的女儿美狄亚就站在一旁。美丽的她是一位法力强大的女巫。赫拉一看到她，就想出了援助伊阿宋的妙计：她要求阿佛洛狄忒吩咐儿子厄洛斯，朝美狄亚的心射出一支爱之箭。果不其然，中箭的美狄亚随即义无反顾地爱上了伊阿宋。她暗下决心，要用自己的法力帮助伊阿宋对抗她的冷血父亲。

国王埃厄忒斯向伊阿宋提出了不可能完成的考验："你要驯服我的喷火公牛，为它们套上牛轭，让它们为贫瘠的土地犁地，在犁好的地里，种上龙牙。"埃厄忒斯十分肯定，伊阿宋不可能活着完成这些考验。那两头喷火公牛体形巨大，野性十足，它们的肺是神明赫菲斯托斯亲手打造的铁制熔炉，能够喷出致命的火焰。不仅如此，那些龙牙一旦种下，就能长出一支军队，伊阿宋若要完成考验，就必须击败他们。

听到父亲说了这些话后，一心向着伊阿宋的美狄亚便前往赫卡忒的神庙寻求帮助。赫卡忒是女巫的守护神，她有一种神秘的药膏，能够保护涂上的人一天之内不受火焰和钢铁的伤害。求取了药膏的美狄亚来到伊阿宋的面前，告诉他不要害怕，还将这种药膏给了他。美狄亚不惜背叛亲族也要伸出援手的赤诚之心打动了伊阿宋，他随即许下诺言，要带美狄亚远走高飞：“美狄亚，跟我走吧，我对你的爱，至死不渝。”赫拉听到了伊阿宋的许诺，允许了他们之间的感情。

伊阿宋一大早就来到了那块贫瘠的土地上，找到那两头喷火公牛。美狄亚为他求取的神秘药膏给了他新的力量。尽管体形巨大的两头公牛喷出了致命的火焰，有药膏护体的伊阿宋却毫不畏惧，设法制服了它们。他抓住公牛的角，为它们套上牛轭，驱使它们前去犁地。

阿佛洛狄忒

阿佛洛狄忒是爱与美的神明，是唯一一位没有父母的希腊神明。她自海上的一只大贝壳中出生。宙斯担心她的美貌会挑起众神之间的争斗，就安排她与自己的儿子赫菲斯托斯成婚。

厄洛斯是阿佛洛狄忒淘气的儿子，是爱情和欲望的神明。他生有一对翅膀，携带黄金弓箭。无论是神明还是凡人，只要被这弓箭射中，都会坠入爱河。

伊阿宋与土地里长出来的士兵

喷火公牛愤怒地大声咆哮，鼻孔中喷出火焰，但伊阿宋用涂有神秘药膏的铁枪驱使它们，花了一整天时间犁好了地。到了夜里，伊阿宋从自己的金头盔中拿出龙牙，将它们种到犁沟中。每颗龙牙一种下去，就有一名巨大的重甲士兵从土地里长出来。当地里挤满了好斗的士兵之后，伊阿宋便朝他们扔了一颗大石头。这些士兵不知道攻击从何而来，用剑胡乱地互相劈砍，最后一个个倒下，无一人存活。

面对如此惨烈的场面，伊阿宋不禁有些退缩。美狄亚却对他说："伊阿宋，你不必心生歉意。荣誉、名声、胜利时的月桂花环……人们总会为了这样虚无的东西争斗至死。现在，金羊毛就等你去取了。"

赫菲斯托斯

赫菲斯托斯是司掌锻造和火焰的神明。他是宙斯和赫拉的儿子，是众神的铁匠。他为神明打造宝座、盔甲和武器。他十分强壮，腿却很不好使——他曾被逐出奥林匹斯山，因直落地面而摔坏了腿。

伊阿宋种下的龙牙源自战神阿瑞斯的神龙。这条神龙被王子卡德摩斯所杀，雅典娜为此十分愤怒，要求卡德摩斯播种龙牙。因为龙牙一种下就长出好斗的士兵，雅典娜便将剩余的龙牙交给了埃厄忒斯。

伊阿宋取到了金羊毛

随后，美狄亚带着伊阿宋悄悄进入那片神圣的橡树林。金羊毛就挂在一棵大橡树的树枝上，在月光中闪耀着光芒。从不睡觉的毒蛇将自己布满鳞片的粗壮身子缠绕在树干上，紧紧看守着。“等一等。”美狄亚一边悄声说，一边接近那条毒蛇，口中还缓缓吟唱神秘咒语。巨大的毒蛇抬起头，靠近美狄亚。面对骇人的毒蛇，美狄亚没有退后，她看准时机，朝毒蛇的鼻子挥洒藏在自己袖子里的催眠药剂——这催眠药剂是赫卡忒调配的。毒蛇睡了过去，落到地面。

“就是现在！”美狄亚喊道。说时迟那时快，伊阿宋立刻上前，从树上取下了神奇的金羊毛。随即，两人一路狂奔，跑向停泊在岸边的阿尔戈号。他们一上船，阿尔戈号就迅速驶入茫茫大海。

国王埃厄忒斯得知此事，勃然大怒，派出自己的儿子阿布绪耳托斯，让他率领一队战船前去追赶伊阿宋和美狄亚。第二天，这队战船就追上了阿尔戈号。这时，美狄亚已经想出了逃跑的计策，她先是向她的弟弟阿布绪耳托斯送出了一封信，假意忏悔自己的所作所为，表示想要回家，请求阿布绪耳托斯与她在附近的岛上秘密会面。然后，她安排伊阿宋在附近埋伏。收到信的阿布绪耳托斯顾惜姐姐美狄亚，如约来到信上所说的地点。当阿布绪耳托斯一现身，伊阿宋便从藏身的灌木丛中跳出来，残忍地杀死了他。失去阿布绪耳托斯的舰队乱作一团，被迫解散，阿尔戈号则平安顺遂地带着金羊毛远走高飞。

赫耳墨斯

赫耳墨斯是众神的信使，也是宙斯的使者。他通常穿着带翼的凉鞋，带着预知之杖。他还是各种竞技比赛的保护者。赫耳墨斯也是牧羊人的守护神，金色公羊就是他的圣物。那只驮着佛里克索斯去到科尔喀斯的金色公羊正是他带给宙斯的。

赫卡忒是一位法力强大的女神，司掌巫术和魔法，以能编写强力咒语而闻名。她常常被认为与月亮的阴暗面以及迷雾有关联，时常在岔道路口出现。

喀耳刻与塞壬

杀死阿布绪耳托斯这件事激怒了神明。宙斯在奥林匹斯山上注视着整个事件，对美狄亚背叛血亲，以及伊阿宋的所作所为，感到十分愤怒和厌恶。赫拉通过艏饰像斥责美狄亚和伊阿宋。“你们无法逃脱宙斯愤怒的惩罚。”她大喊道，“你们只能找到美狄亚的亲族喀耳刻，祈求她的原谅，洗净你们的罪过，否则你们将被困在海中永世漂泊，再无宁日。”

接下来的旅程非常困难。阿尔戈英雄们航行经过几片汹涌的海域，遭遇了几次风暴，到了可怕女巫喀耳刻居住的埃亚岛［希腊神话中地中海上的一座小岛。——编者注］。喀耳刻喜欢用魔法把人变成动物。美狄亚让英雄们待在阿尔戈号上，她拉着伊阿宋走上岸。一路上，伊阿宋和美狄亚看见了很多长相奇怪的动物，它们的某些地方看起来跟人十分相似。随后，两人遇见了喀耳刻，跟着喀耳刻走进她的房间。

喀耳刻听了伊阿宋和美狄亚的诉求，愿意助他们一臂之力。她向宙斯献祭，呈上圣饼，让伊阿宋和美狄亚喝下黄金高脚杯中的净化之水。得到宙斯的准许后，她也原谅了伊阿宋和美狄亚的罪过。随后，伊阿宋和美狄亚返回了阿尔戈号。

接下来，他们航行经过塞壬居住的海岛。塞壬是一种唱着魅惑之歌引诱水手的美丽生物，中招的水手会驾船试图靠岸，但在途中，船只就会撞上礁石。此时，众多塞壬唱着魅惑之歌，无力抵抗的阿尔戈英雄们只能将船驶向岸边。危急时刻，美狄亚立刻要求俄耳甫斯弹起他的里拉琴，美妙的音乐很快就压过了塞壬的魅惑之歌，阿尔戈号因此安然驶离了海岛。

喀耳刻

喀耳刻是一位神明，也是一位女巫。她是美狄亚的姑姑，以用魔法将人变成动物而闻名，也因此而让人恐惧。她因谋杀亲夫而被放逐到黎明之岛——埃亚岛。据说她曾经因为一点嫉妒之心就施法，将美女斯库拉变成一只丑陋的怪兽。

塞壬是一种半人半鸟的女妖，用自己美丽的歌声引诱水手送死。如果有人听过她们歌唱却逃过了死亡，那么她们就会死去。当俄耳甫斯的乐声压过了她们的歌唱时，除了两个没有歌唱的塞壬，其余的塞壬都跳入海中淹死了。

斯库拉与卡律布狄斯

阿尔戈英雄们别无选择，只能航行通过另一处狭窄、嶙峋的地方。这里被两个可怕的怪兽守卫着。航路的这边是斯库拉，她腰部以上是食尸鬼似的老妇，下身则如同一条巨大的鱼，上面还长着六头牙齿锋利的猎犬，准备撕碎任何胆敢接近的人。航路的另一边是卡律布狄斯，她永远都觉得饿，有一张令人厌恶的巨大嘴巴，在够得到的范围内，能将所有东西都吞进去。她进食的过程造成了一个永不平静的大漩涡，阿尔戈英雄们必须想办法通过这里。

此时的阿尔戈号像一个小软木塞一样，在这两个怪物的巨浪中飘摇，仿佛迷失了方向。不过，英雄们的勇气和执着打动了海神波塞冬，他叫来了海仙女王忒提丝，让她将海底的仙女召集起来。仙女们骑着海豚自海底而来，载着阿尔戈号绕开了那两个怪兽，通过了汹涌湍急的大漩涡，到达了安全的海域。

忒提丝

忒提丝是司掌水的女神，也是五十位仙女的女王。这些仙女是一位远古海神的女儿，被认为是次级神灵。她们护佑水手，也是波塞冬的助手。

大漠迷路

平安行船两日之后，一场可怕的风暴降临了。狂风大浪使得阿尔戈号偏离了航向。九天九夜之后，一个巨浪扑来，将船扔到了利比亚。这里遍布黄沙，十分炎热，只适合毒蛇栖居。阿尔戈英雄们很害怕，担心会因炎热和缺水而死。这时，三位羊头水泽仙女出现在伊阿宋的梦中，告诉他不要绝望，波塞冬会给予指示。第二天早上，一只巨型海马（半马半鱼的怪兽）伴着迷雾出现了。阿尔戈英雄中最年长的涅斯托耳开口道：“伊阿宋，这就是波塞冬的指示。这只美丽的怪兽是波塞冬战车的拉车马。它要回到它居住的大海，我们跟着它，一定能返回大海。”

赫拉的声音也从船头传来：“涅斯托耳说的没错。你们跟上这只海马，就能化险为夷。”

英雄们将阿尔戈号扛在肩上，一路跟随海马。但船实在太沉，他们走得又慢，海马很快便从视野里消失了。

英雄们依靠海马留在沙子上的足迹，追踪了十二个昼夜，直到遇上了一场沙暴。这场沙暴将他们包围，差一点就要致他们于死地。幸好卡拉伊斯和仄忒斯飞到高空中眺望，发现大海就在前方。两天之后，筋疲力尽的阿尔戈英雄们，终于回到了海上。

阿尔戈英雄们找回了返乡的路，接下来，只要经过克里特岛，就能抵达终点伊俄尔科斯了。南风之神诺托斯为他们送上强风，阿尔戈号驶向克里特岛，准备补充食物和水。

阿涅摩伊

阿涅摩伊指四风神。玻瑞阿斯是北风之神（阿尔戈英雄中长有翅膀的双胞胎卡拉伊斯和仄忒斯就是他的儿子），司掌冬天与严寒；诺托斯是南风之神，带来酷暑，毁坏庄稼；欧洛斯是不幸的东风之神，带来温暖和雨水；仄费罗斯是温柔的西风之神，促进植物的生长和繁茂。

羊头水泽仙女象征三女神，代表少女、母亲和老妇，是古老文明中常见的神明。

铜巨人

几天之后，阿尔戈英雄们终于看见陆地了。他们慢慢靠近时，突然发现许多巨石朝他们飞来。他们隐约看见一个巨大的人站在陆地上，向阿尔戈号投掷石头。这个人就是守卫岛屿的铜巨人塔罗斯。

塔罗斯每天在克里特岛巡逻三次，搜寻胆敢登陆岛屿的人。趁塔罗斯转身巡查别处时，英雄们迅速将船驶入一个隐蔽的海湾靠岸。塔罗斯现身时，他们都躲在石头后面。但塔罗斯还是发现了他们，生气地大步冲来。美狄亚立刻念起强大的咒语，可怕的塔罗斯的脚步渐渐慢了下来，最后停下。美狄亚偷偷溜到塔罗斯的背后，缓缓拔出他脚踝上的一个塞子。给塔罗斯提供动力的金属溶液一瞬间都流泻在沙滩上。铜巨人塔罗斯轰然倒下，浑身冰冷，一动不动。

阿尔戈英雄们补充了水和食物，很快从克里特岛扬帆起航了。夜幕降临，天空一片黑暗，月亮和星星都没了踪迹，连拥有超凡视力的林叩斯都无法找到伊阿宋的领航星——老人星。阿尔戈号毫无方向地在海中漂流，在无边无际的黑暗中摸索前行。赫拉再一次拯救了他们。她要求阿波罗为他们送去一束光，指引他们调整航向，找到回家的路。

阿波罗

阿波罗的受尊敬程度仅次于其父宙斯。他司掌光明、预言、真相、医药和音乐。和他的双胞胎姐姐阿耳忒弥斯一样，他也爱好弓箭。他还手持一把里拉琴，这象征通过音乐、诗歌和舞蹈同奥林匹斯众神交流的喜悦。

古人，比如古代的水手们，会通过星星来辨认方向。伊阿宋的领航星——老人星——是天空中第二亮的星星。

阿尔戈号返乡

抵达伊俄尔科斯时，迎接伊阿宋的却是坏消息。一个渔夫告诉伊阿宋，国王珀利阿斯已经杀掉了他的父母，还扬言在伊阿宋返乡之时也要将他一并杀掉。这可不是伊阿宋期待中的欢迎仪式，他和美狄亚设了一个计谋，开始行动。美狄亚变妆成老巫女，到宫殿央求守卫让她面见国王。美狄亚对国王珀利阿斯宣称，她拥有返老还童的药水。珀利阿斯已经上了年纪，对药水颇感兴趣，要求老巫女证明其真有返老还童的效果。

美狄亚说："给我一个装满滚烫热水的大锅，再给我一只老羊。"守卫拿来了大锅，牵来了老羊。美狄亚将羊放进锅中，倒入药水，随即一只欢快的小羊羔从锅中跳了出来。打消了疑心的珀利阿斯立刻让美狄亚也对他施展返老还童术。美狄亚说："只有让您的女儿们将您推进大锅里，倒入药水，您才能返老还童。"珀利阿斯的女儿们照做了，可却无事发生。原来美狄亚拿给她们的药水并没有魔力。邪恶的国王珀利阿斯被自己的亲骨肉推进滚烫的热水之中，烫死了。

伊阿宋大仇已报。他将金羊毛供奉在宙斯神庙当中，拿回了属于自己的王位。但是众神对美狄亚的意见很大，她用咒术欺骗了珀利阿斯毫无罪过的女儿们，还让她们背上了杀害父亲的罪名。伊俄尔科斯的人也拒绝让美狄亚做他们的王后，伊阿宋和美狄亚只能被迫离开。

两人逃到了科林斯，受到了国王克瑞翁的欢迎。可是，伊阿宋对美狄亚的感情却起了变化。他开始害怕美狄亚的魔法和她拥有的超凡力量，将美狄亚为他所做的一切都抛之脑后。

伊阿宋对美狄亚说："我已不再爱你，我要跟国王克瑞翁的女儿格劳刻成婚，继承科林斯的王位。"愤怒的美狄亚为了报复，杀掉了自己跟伊阿宋的孩子。她的外公太阳神赫利俄斯派来两条神龙，她便乘坐着这两条龙拉的马车远走高飞了。

赫利俄斯

赫利俄斯是太阳神，也是奥林匹斯众神统治之前的古老提坦神［希腊神话中先于奥林匹斯诸神的古神。——编者注］之一。古希腊人相信赫利俄斯驾驶着黄金飞马拉着的马车，在天空中运送太阳。他是国王埃厄忒斯和喀耳刻的父亲。

英雄末路

伊阿宋因为丧子之痛崩溃了，离开了科林斯。伊阿宋也失去了神明的偏爱，特别是赫拉，因为他背弃了跟美狄亚的誓约。他没有安身之地，在希腊各地漂泊。他的朋友也没有想起他。没有人提起他曾经的辉煌荣耀，也没有人为他的苦痛悲伤。

多年之后，不复当年英雄之姿的他回到伊俄尔科斯，踏上当年停放阿尔戈号的海岸。此时，阿尔戈号老旧的船体已经腐烂。他在当年船头的位置坐下，打算在阴影中歇息。这时，艏饰像突然掉落，砸在他的身上，让他当场丧命。

伊阿宋与阿尔戈英雄的故事是关于勇气的故事，但其中也有欺骗、诡计和复仇。神明会为了自己的快乐和利益，心血来潮，玩弄凡人。

南船座

在伊阿宋的时代，地中海地区的人可以在南边的天空找到南船座。古希腊人相信，这个星座是阿尔戈号的化身。其中最亮的那颗老人星，被认为是在伊阿宋寻找金羊毛之旅中辅助指引航向的星星。今天，人们只能在南半球找到那颗星星。

奥林匹斯众神

宙 斯

天空之神、雷霆闪电之神，同时也是天气之神和待客之神。他是众神之王，也是几位神明和凡人英雄的父亲。

阿耳忒弥斯

狩猎女神、自然女神，同时也是野兽之神和初生之神。她还是年轻女性的守护神。

阿波罗

音乐之神、真相之神、诗歌之神，同时也是太阳神和光明之神。德尔斐神示所的预言之神也由他担任。

赫 拉

天后、婚姻女神和女性之神。她以对敌人的残酷和对宙斯情人的嫉妒而出名。

波塞冬

海神和马匹之神。人们认为是坏脾气的他造成了地震。他的形象通常被描绘为手持三叉戟。

雅典娜

智慧女神、勇气女神、法律与正义之神，同时也是战争之神、艺术之神、文明之神和宗教之神。据说她是从宙斯的头颅中蹦出来的。

得墨忒耳

谷物之神、水果之神，同时也是丰收女神和土地肥沃之神。她掌握生死轮回。

阿瑞斯

战争之神和暴力争斗之神，因其极具破坏性而常被其他神明鄙视。希腊人十分害怕他。

阿佛洛狄忒

爱情女神、愉悦之神和美之女神。她在大海中出生，被一个巨大的贝壳载着漂流到了岸边。她有众多追求者，有神明，也有凡人。

赫菲斯托斯

火焰之神、锻造之神、石匠之神和手艺之神。奥林匹斯众神的武器都由他打造。

赫耳墨斯

旅人之神、商人之神、盗贼之神、牧羊人及其家畜的保护神，他同时也是神与人之间的信使。他十分聪慧，也十分狡猾。他是诗人，也是雄辩家。

狄俄尼索斯

美酒之神、盛宴之神和欢庆之神，同时也是剧院的保护神。他是唯一一位由凡人母亲诞下的奥林匹斯众神。

赫斯提亚

灶神、家居女神、家庭之神、健康之神，同时也是建筑之神和国家之神。她维持着奥林匹斯山上的炉火不熄灭，以善良出名。

哈得斯

冥界之神、死亡之神、矿藏之神和肥沃土地之神。古希腊人都不敢直呼他的名字。

古希腊人相信奥林匹斯十二主神掌管着宇宙，他们是宙斯、赫拉、波塞冬、得墨忒耳、雅典娜、阿耳忒弥斯、阿波罗、阿佛洛狄忒、阿瑞斯、赫菲斯托斯、赫耳墨斯以及赫斯提亚（或者狄俄尼索斯）。冥界之王哈得斯从未出现在奥林匹斯十二主神之中，因为他在地下的冥界生活，很少前往希腊最高峰的奥林匹斯山。除他之外，奥林匹斯众神都互相关联。宙斯、赫拉、波塞冬、得墨忒耳、哈得斯和赫斯提亚，是兄弟姐妹的关系。宙斯娶了赫拉，他们两人又是阿瑞斯与赫菲斯托斯的父母。宙斯与众多下级女神和凡人女子是情人关系，由此生下了雅典娜、双胞胎阿耳忒弥斯与阿波罗、赫耳墨斯以及狄俄尼索斯。阿佛洛狄忒是奥林匹斯众神中唯一一位父母不详的神明。

作者有话说

古希腊神话一直吸引着我，这些神话有很大的冲击力，涉及范围广泛，富有想象力，同时也蕴藏着视觉表达的可能性。我在制作早期神话《少年忒修斯与弥诺陶洛斯》的过程中获得了很多乐趣。它讲述了少年忒修斯与半人半牛的弥诺陶洛斯之间的故事。因为一部20世纪60年代的电影，我也很熟悉伊阿宋与阿尔戈英雄们的故事。这部电影由雷·哈里豪森制作，里面的特效非常棒，我很喜欢伊阿宋大战骷髅士兵的定格动画场景。令我失望的是，这个情节其实没有在神话当中出现，我也不能将它放进这本书中。我也非常喜爱这个书名《伊阿宋和金羊毛》！

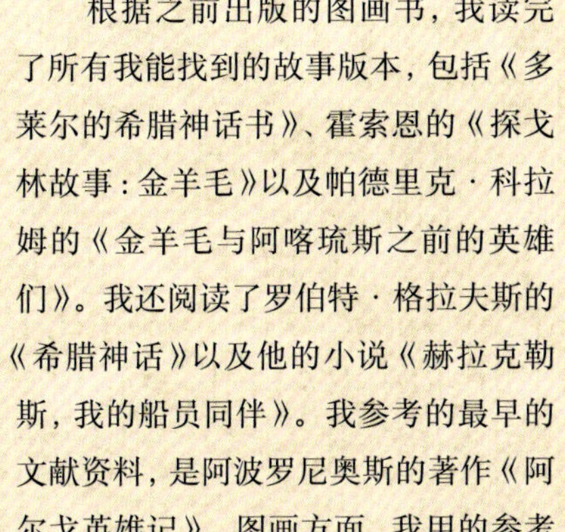

伊阿宋与阿尔戈英雄们是最早的超级英雄和最早的探险者，他们就像宇航员冒险进入宇宙深处一样，进入了未知的世界。在这之后的西方文学，如亚瑟王传说与圣杯传奇、指环王的史诗传奇等，都传承了这样的英雄主义。这些故事当中，英雄们都被要求去完成一系列近乎不可能完成的任务，在结束之后会获得数不尽的奖励。

这些神话故事在今天的我们看来当然是虚构的故事，但对当时的古希腊人来说，这些神话都是真实记录，具有宗教含义，并且反映出当时的普遍观念。随着这些神话被一代一代传承，出现了各种各样的版本。许多故事中的人名、日期、地名有变化，有时故事本身也不同，甚至连阿尔戈英雄们的人数和名字都存在众多争议，因为古时候很多故事作者迫切想要将自己祖先的名字，添加到这个传奇旅程的人员名单当中。

根据之前出版的图画书，我读完了所有我能找到的故事版本，包括《多莱尔的希腊神话书》、霍索恩的《探戈林故事：金羊毛》以及帕德里克·科拉姆的《金羊毛与阿喀琉斯之前的英雄们》。我还阅读了罗伯特·格拉夫斯的《希腊神话》以及他的小说《赫拉克勒斯，我的船员同伴》。我参考的最早的文献资料，是阿波罗尼奥斯的著作《阿尔戈英雄记》。图画方面，我用的参考资料来自网络、我的私人图书馆和费城艺术大学的图书馆。我绘制的阿尔戈号，造型参考了大约3300年之前的同时代希腊船只的绘画和图解。

我从各种故事版本中选取了我认为最有趣和最重要的部分。最后，我希望我公平、恰当地运用了这些素材，并呈现了优秀的故事和图画，能够对得起传颂这个故事的先人们。

参考资料

[1] 帕德里克·科拉姆.《金羊毛与阿喀琉斯之前的英雄们》(The Golden Fleece and the Heroes Who Lived Before Achilles)[M]. 纽约：麦克米伦出版公司，1921.

[2] 因格里·多莱尔，埃德加·帕琳·多莱尔.《多莱尔的希腊神话书》(D'Aulaires' Book of Greek Myths)[M]. 纽约：班塔姆双日戴尔出版公司，1962.

[3] 罗伯特·格拉费斯.《希腊神话(卷二)》(The Greek Myths)[M]. 纽约：企鹅图书，1990.

[4] 罗伯特·格拉费斯.《赫拉克勒斯，我的船员同伴》(Hercules,My Shipmate)[M]. 纽约：美国图书斯特拉特福德文化公司，1945.

[5] 伊迪斯·汉密尔顿.《神话：神明与英雄的永恒故事》(Mythology: Timeless Tales of Gods and Heroes)[M]. 波士顿：小布朗公司，1940.

[6] 纳塔涅尔·霍索恩.《探戈林故事：金羊毛》(Tanglewood Tales: The Golden Fleece)[M]. 纽约：维京文化，1982.

[7] 马克·莫福德，罗伯特·J·勒纳德.《古典神话》(Classical Mythology)[M]. 纽约：朗曼公司，1971.

[8] 尼尔·史密斯.《神话传说：伊阿宋与阿尔戈号》(Myths and Legends: Jason and the Argonauts)[M]. 牛津：奥斯普瑞出版，2013.

[9] 神话百科全书：希腊神话 [EB/OL]. http://www.pantheon.org/areas/mythology/europe/greek，[2015-12-03].

[10] 神话：伊阿宋与阿尔戈号 [EB/OL]. http://www.pbs.org/mythsandheroes/myths_four_jason.htiml，[2015-12-03].

插图的重要参考来源

[1] 斯特凡诺·马吉.《希腊：古老文明的历史与宝藏》(Greece: History and Treasures of an Ancient Civilization)[M]. 纽约：斯特林出版，2007.

[2] C.M. 鲍勒.《人类的辉煌年代：古代希腊时间线》(Great Ages of Man :Classical Greece)[M]. 纽约：时代图书，1965.

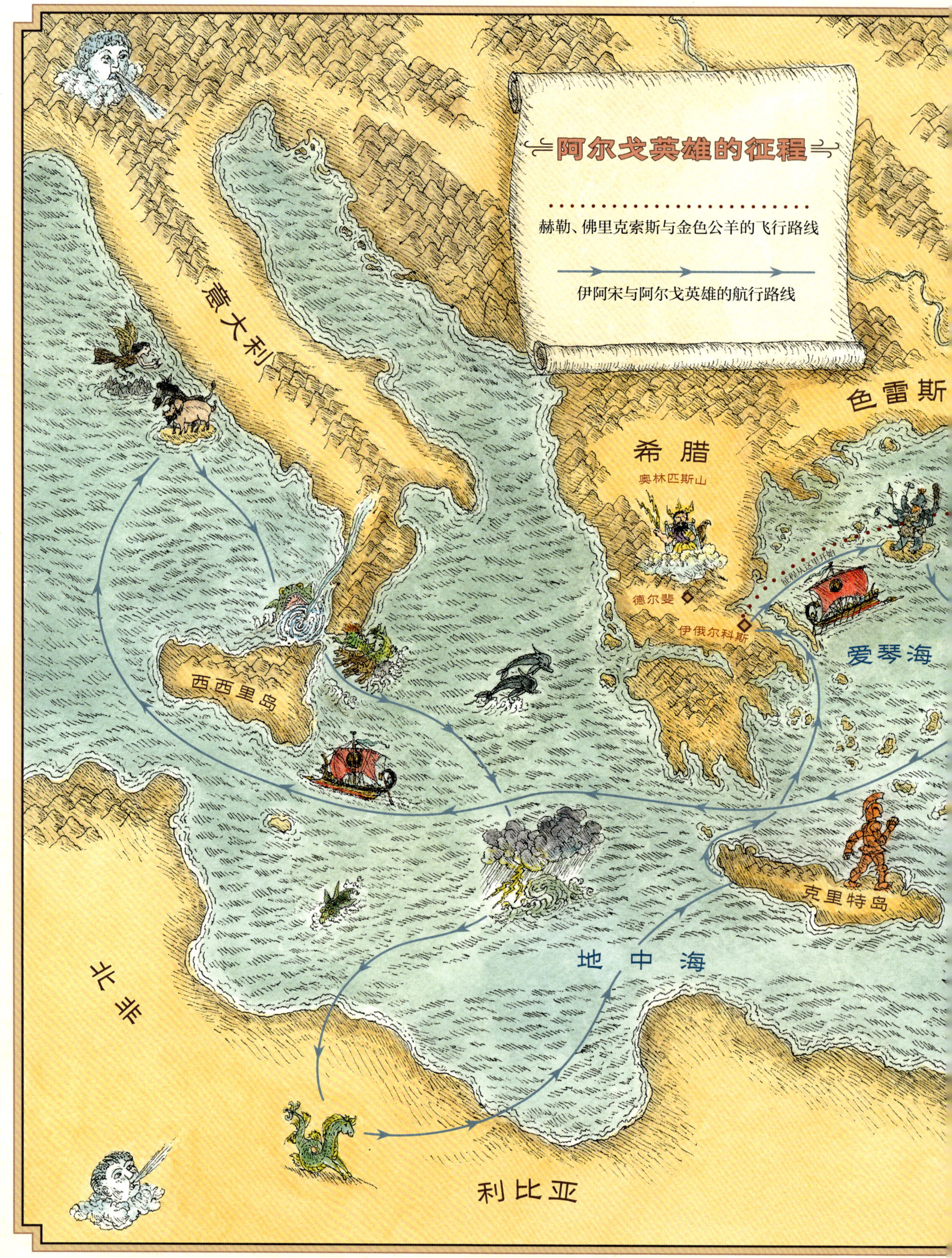
阿尔戈英雄的征程
赫勒、佛里克索斯与金色公羊的飞行路线
伊阿宋与阿尔戈英雄的航行路线
意大利
色雷斯
希腊
奥林匹斯山
德尔斐
伊俄尔科斯
爱琴海
西西里岛
克里特岛
地中海
北非
利比亚